Pe. FERDINANDO MANCILIO, C.Ss.R.

NA MESA DA PALAVRA
Orientações para o Ministério dos Leitores

Coordenação Editorial: Elisabeth dos Santos Reis
Copidesque: Leila Cristina Dinis Fernandes
Revisão: Ana Lúcia de Castro Leite
Diagramação: Simone A. Ramos de Godoy
Capa: Bruno Olivoto

**Dados Internacionais de Catalogação na Publicação (CIP)
(Câmara Brasileira do Livro, SP, Brasil)**

Mancilio, Ferdinando
    Na mesa da palavra: orientações para o Ministério dos Leitores / Ferdinando Mancilio. – Aparecida, SP: Editora Santuário, 2006.

   ISBN 85-369-0053-9

   1. Ministério leigo - Igreja Católica 2. Leitores leigos - Igreja Católica 3. Palavra de Deus I. Título.

06-1255   CDD-264.34

Índices para catálogo sistemático:

1. Ministério dos Leitores: Palavra de Deus: Cristianismo 264.34

IMPRIMA-SE
Por comissão do Arcebispo Metropolitano de Aparecida,
Dom Raymundo Damasceno Assis,
Pe. Carlos da Silva, C.Ss.R.
Aparecida, 15 de Março 2006.

8ª impressão

Todos os direitos reservados à EDITORA SANTUÁRIO – 2023

Rua Pe. Claro Monteiro, 342 – 12570-045 – Aparecida-SP
Tel: 12 3104-2000 – Televendas: 0800 - 016 00 04
www.editorasantuario.com.br
vendas@editorasantuario.com.br

APRESENTAÇÃO

*E*ste pequeno subsídio trata especificamente do Ministério dos Leitores em nossas paróquias e comunidades. Há nas pessoas que o exercem muita boa vontade e muito esforço. Nem sempre essas pessoas são acompanhadas devidamente, para que possam crescer nesse Ministério. É fácil apontar as falhas, o difícil é ajudar a corrigi-las. É fácil dizer o que os outros devem fazer, o difícil é fazer o que os outros fazem. Por isso, este subsídio tem o desejo sincero de ajudar esses nossos irmãos e irmãs que se dedicam a proclamar a Palavra de Deus em nossas celebrações.

Esse Ministério procura dar aos leitores uma visão do sentido da Palavra de Deus, como comunicação ou diálogo de Deus com seu povo. Não se prende especificamente à Bíblia nem analisa qualquer texto bíblico. Ele aponta a direção para que haja uma compreensão e aceitação desse valor inestimável que temos em nossas mãos: a Palavra do Senhor!

O Ministério procura orientar também os leitores em seus pontos muito práticos. Esse aspecto tem por objetivo corrigir defeitos, esclarecer pontos duvidosos e alertar para o modo de proceder na proclamação da Palavra de Deus. São pontos práticos que, supomos, os leitores enfrentam constantemente. Por isso, em vez de traçar longas teorias e citações de documentos, o que seria sem dúvida importante, preferiu-se andar pelas sendas do prático-prático, do todo dia da vida, daquelas pequenas coisas que não são ditas normalmente.

Esperamos, pois, que este subsídio venha ajudar aos irmãos e irmãs que com tanto empenho se dedicam ao Ministério de Leitores. Quantos deixam seus afazeres e correm para prestar esse serviço. O que move esses corações não é o sangue, mas certamente o amor para com Deus e para com os irmãos.

Que estejamos sempre prontos para ajudá-los, e eles, por sua vez, busquem trabalhar generosamente em favor do Reino, sem buscar glória ou prestígio pessoal.

Recomendamo-nos todos a Maria Santíssima, a Mulher da Palavra e geradora da eterna Aliança do Pai para conosco, que é Jesus, Palavra viva que armou sua tenda entre nós!

Não são poucos os que abraçam o Ministério da Palavra, ou seja, aquele serviço importante de fazer a leitura nas celebrações da comunidade, principalmente na

Eucaristia. Cheios de fé, colocam-se nesse serviço com toda a boa vontade. A Palavra que anunciam carrega milhares de anos de história e, ainda mais, é a história da salvação presente na história dos homens, de nossa humanidade.

Na mesa da Palavra de Deus, os fiéis se abrem aos tesouros bíblicos. A Palavra é o centro da liturgia, na qual a comunidade se encontra com o Salvador, que lhe dirige a Palavra, seu evangelho. É o evangelho o ponto culminante da liturgia e da Sagrada Escritura. Todos os que estão presentes na celebração precisam estar atentos a essa verdade que se faz presente a nossos olhos.

É bom sentir Deus falando...

O direito sagrado que pertence a todo povo de Deus e a cada um que participa de uma celebração eucarística – a missa – é escutar Deus falando com ele e nele. Deus se faz presente de várias maneiras, mas sua Palavra é imprescindível, ou seja, não pode faltar. Deus nos falou de muitos modos, até chegar o momento em que nos falou por meio de seu Filho Jesus Cristo. O evangelho é sua Palavra. Por isso, escutar, e escutar bem, o que nos fala Deus e seu Filho Jesus Cristo é algo nobre e determinante. A assembleia está reunida não simplesmente para uma celebração qualquer, mas para fortalecer seu vínculo de povo com o próprio Deus, reunido por sua Palavra. E para nós, que vivemos no Novo Testamento, a Palavra por excelência é a de Jesus, seu evangelho.

Outra consciência que devemos ter é que ali não são simplesmente palavras que são ditas, como se fosse um livro qualquer. É Palavra viva. É Palavra que transforma. É Palavra que rejuvenesce, anima, encoraja, salva. É Palavra de Deus. A Constituição da Sagrada Liturgia, que nasceu no Concílio Vaticano II, reza muito bem o que estamos dizendo: "Embora a Liturgia seja principalmente culto da Majestade Divina, encerra também grande ensinamento ao povo fiel. Pois, na Liturgia, Deus fala a seu povo. Cristo ainda anuncia o Evangelho. E o povo responde a Deus, ora com cânticos ora com orações" *(SC 33)*. Temos, pois, como pessoa ou como Povo de Deus, o direito de escutar Deus falando e a ele temos o dever de responder com nossa palavra, que é nossa oração, nosso cântico.

Ela nos lembra ainda uma outra verdade importante: "Não só enquanto se leem aquelas coisas 'que foram escritas para nosso ensinamento' (Rm 15,4), mas também enquanto a Igreja reza, ou canta, ou age, é que se alimenta a fé dos participantes e suas mentes são despertadas para Deus, a fim de lhe prestarem um culto racional e receberem com mais abundância sua graça" *(SC 33)*.

Quanto é importante tomarmos consciência de que precisamos da graça de Deus. E, reunidos na assembleia, tornamo-nos essa Igreja viva, presente, atuante e capaz de mover o coração humano, muitas vezes empedernido por tantas inverdades.

Ao escutar a Palavra de Deus e ao celebrá-la, o fiel escuta e celebra a verdade que é Deus. Por isso, não se pode simplesmente ir fazendo as coisas simplesmente por fazer. Liturgia tem ritmo e lógica, tem força e presença, pois é Deus falando a seu povo.

Com certeza, podemos melhorar nossas celebrações, desde os responsáveis primeiros até o último fiel. Faltam muitas vezes orientações para todos, e por isso, sem maldade alguma, cometemos falhas que podem ser corrigidas a tempo. A participação em nossas celebrações litúrgicas, do povo que foi conquistado pelo Senhor, é de direito sagrado.

1. O Ministério do Anúncio da Palavra

*D*esde o início da Igreja, a proclamação da Palavra de Deus já se fazia intensamente presente nas comunidades que se reuniam para ouvir a Palavra e partilhar o Pão da vida. Fundamentalmente, a missa é Liturgia da Palavra e Liturgia Eucarística. Os relatos do Novo Testamento, principalmente os Atos dos Apóstolos, mostram-nos isso com muita clareza. A Palavra era proclamada com fé, com alegria, com dedicação. Todos a ouviam de coração aberto e a acolhiam no profundo de suas vidas. A Palavra produzia seus efeitos esperados. Por isso que muitos cristãos deram seu testemunho no martírio e não recuaram diante da morte prevista, pois eram profundamente tocados pela Palavra de Deus. Eles fundamentaram nossa fé cristã. Aliás, no sacramento do Batismo, há o momento em que o Ministro do Batismo pergunta se os pais e padrinhos querem que o batizando seja batizado na mesma fé que acabaram de professar. A resposta é sempre sim! Mas qual fé? Essa que os apóstolos e as primeiras comunidades cristãs viveram com toda a força de suas vidas.

Aqui é bom compreendermos uma outra verdade, e a mais fundamental: o próprio Cristo exerceu esse ministério do anúncio da Palavra, pois Ele era a Palavra viva e verdadeira. Os apóstolos com Ele aprenderam e se dispuseram, mesmo com muitas fragilidades, a anunciar do jeito de Jesus. Naquele dia em que Jesus esteve na sinagoga de Nazaré, Ele foi convidado a proclamar a Palavra para todos os presentes. Então, escolheu o trecho do profeta Isaías que falava de sua vinda e de sua missão: "O Espírito do Senhor está sobre mim, porque ele me ungiu para evangelizar os pobres; enviou-me para proclamar a remissão aos presos e aos cegos a recuperação da vista, para restituir a liberdade aos oprimidos e para proclamar um ano de graça do Senhor. Enrolou o livro, entregou-o ao servente e sentou-se. Todos na sinagoga olhavam-no, atentos. Então começou a dizer: 'Hoje se realizou essa Escritura que acabastes de ouvir'" *(Lc 4,18-21)*. Portanto, tanto ontem como hoje, a Palavra está presente no mundo, por meio daqueles que a anunciam. A Palavra é o próprio Cristo, para Ele tudo é convergente, tudo termina e encontra sentido.

Os Apóstolos entenderam depois da ressurreição de Jesus o que Ele lhes tinha ensinado. E cheios de coragem anunciaram, num mundo adverso aos ensinamentos de Cristo e inspirados por Ele, sua Palavra redentora. Significativa é a atitude de Pedro e João quando chegaram ao templo de Jerusalém. "Pedro e João subiam ao Templo para a oração da nona hora. Vinha, então, carregado um aleijado de nascença, que todos os dias era colocado à porta do Templo, chamada Formosa, para pedir esmola aos que entravam. Vendo Pedro e João entrarem no Templo, pediu-lhes uma esmola. Pedro o encarou, como também João, e lhe disse: 'Olha para nós'. Ele os fitou, esperando receber deles alguma coisa. Pedro, porém, disse: 'Não tenho nem prata nem ouro, mas o que tenho, isto eu te dou: Em nome de Jesus Cristo Nazareno, anda'." Essa é a palavra da Igreja, que tem por missão anunciar a Palavra da vida aos homens e às mulheres de nosso tempo.

O fundamento da proclamação da Palavra é, portanto, a presença de Cristo no meio de nós. O Antigo Testamento tem sua importância enquanto nos mostra Deus realizando a história da salvação junto de seu povo, mas todo ele vai culminar na pessoa de Cristo, realização plena de todas as promessas do Antigo Testamento. Hoje, já vivemos os mais de dois mil anos dessa Palavra viva, descida do céu, que é Jesus. Portanto, quando nos colocamos diante da assembleia cristã, para proclamar um trecho dessa Palavra, cabe a nós toda a reverência, pois é ela que fundamenta nossa fé. Da Palavra ouvida, meditada e aceita nasce nossa fé.

Diante de tudo isso, tenho de ficar extremamente admirado por tamanha grandeza, e que se dá a nós de modo tão simples. O amor demonstrado em nossos dias para com a Palavra de Deus, suas entronizações em nossas celebrações devem despertar cada vez mais em cada um de nós grande entusiasmo por ela: Como podemos ser lembrado por Deus? Como pode um Deus nos dirigir sua Palavra? O maior entusiasmo e respeito que podemos ter para com essa Palavra é ouvi-la atentamente, trazê-la para bem dentro de nossa vida e jamais nos cansar de pensar no infinito amor de Deus por nós, manifestado em sua Palavra.

Esse Ministério do Anúncio é de grande responsabilidade para quem o faz, pois o que é transmitido é a vida que vem de Deus, seu amor, sua presença, sua salvação. O próprio Deus revela por meio dela sua vontade sobre nós, reúne todos os povos e convida, chama e insiste na comunhão da humanidade com Ele. É uma história de amor puro e santo. Já vimos, mas repetimos: o mistério maior dessa comunhão de Deus para conosco é Jesus. Assim, quem assume esse Ministério do Anúncio – muitas vezes chamado de Ministério de Leitores, embora anúncio seja muito mais forte e significativo – não pode simplesmente *fazer* a leitura, mas *proclamar* a história da salvação. Podemos ler muito bem, mas não estarmos enxertados dessa mesma Palavra que anunciamos. Exercemos um serviço, mas podemos não estar convencidos de que é doação, gratuidade, salvação de Deus por nós. Assumir esse Ministério é algo tão importante quanto o alimentar-se, o matar a sede, o dormir, que são necessidades imprescindíveis para nossa vida.

Esses apontamentos devem lembrar-nos de que esse Ministério do Anúncio da Palavra deve ser exercido com toda a nossa força e fé, e com a maior seriedade possível. Não basta termos vontade de fazer uma leitura na missa, é preciso estarmos conscientes da importância, do sentido e do significado daquilo que anunciamos diante de um povo.

2. A Igreja e sua Missão

*N*inguém é profeta sozinho. Todo profeta é escolhido por Deus para uma missão: a de anunciar sua Palavra, e isto se realiza por meio de uma comunidade. Somos enviados em nome de uma comunidade, em nome da Igreja. Assim o Ministério da Palavra de Deus continua *na* e *por meio* da Igreja, que é verdadeiramente a Esposa de Cristo. Deus nos falou no passado, mas nos fala agora por meio de seu Filho, cuja voz ressoa na Igreja. São Paulo compreendeu de modo muito claro esse sentido profético: "Muitas vezes e de modos diversos, falou Deus outrora a nossos pais pelos profetas; agora, nestes dias que são os últimos, falou-nos por meio de seu Filho, a quem constituiu herdeiro de todas as coisas, e pelo qual fez os séculos" *(Hb 1,1-2)*. Jesus é, pois, a revelação plena, total de Deus a toda a humanidade.

A Igreja permanece sempre discípula da Palavra, como uma semente que, lançada na terra, cresce, dá frutos e volta a ser uma nova semente. A Palavra provoca essa dinâmica na Igreja: sempre anunciando, sempre cuidando para que haja crescimento, amadurecendo, e novamente lançando a semente. O Reino deve ser algo sempre presente, mas ainda não o é, e por isso é preciso ser anunciado em qualquer tempo e em qualquer circunstância. Ser discípula é estar sempre pronta a escutar, é estar em permanente atenção ao que a Palavra ensina, e olhando os sinais dos tempos, ou seja, sabendo discernir entre o que é de Deus e o que não é, anunciando no mundo dos homens a semente da verdade. Se os homens não querem escutá-la é problema deles, mas isso jamais pode impedi-la de ser fiel a sua missão. A Igreja é dependente dessa Palavra e, como os Apóstolos, sente-se dispensadora dos mistérios divinos. Assim podemos compreender que, ao anunciar a Palavra de Deus numa celebração, estamos, em nome da Igreja, sendo dispensadores dos mistérios divinos. Somos responsáveis pela mesma missão da Igreja, pois, como batizados, somos Igreja também.

É imensa a alegria em saber que muitos cristãos não poupam esforços para que essa Palavra chegue aos cantos e recantos do mundo. Só podem mesmo estar inspirados e tocados pelo Espírito Santo. É Ele quem dá a graça necessária e os carismas indispensáveis para essa missão. Não é algo natural naqueles que a anunciam.

É coisa de Deus que, tocando no coração humano, faz com que sua mensagem se espalhe. E isso vale tanto para os cristãos batizados como para os Ministros consagrados. Todos somos impulsionados pelo Espírito de Deus. Aqui vale dizer também que Deus quer que ocupemos nosso lugar e o exerçamos com esmero. Não podemos almejar, desejar coisas, funções e tarefas, talvez até importantes, só por satisfação humana. Devemos cumprir o que Deus nos concedeu por dom, para que o Reino cresça. Essa foi a atitude de João Batista. Assim nos ensina São Paulo: "Cada um recebe o dom de manifestar o Espírito para a utilidade de todos. A um o Espírito dá a mensagem da sabedoria; a outro, a palavra da ciência segundo o mesmo Espírito; a outro, o mesmo Espírito dá a fé... Mas isso tudo é um único e mesmo Espírito que o realiza, distribuindo a cada um seus dons, conforme lhe apraz" *(1Cor 12,7-11)*. Deus quer que ocupemos nosso lugar a partir do dom que Ele nos concedeu por sua benevolência. Portanto, descobrir o que Deus nos concedeu é importante e é serviço que prestamos ao povo de Deus. Desejar humanamente este ou aquele dom é querer satisfazer desejos puramente humanos.

Tudo, porém, deve ser feito juntamente com a Igreja, como um Corpo, para a edificação de todo o povo de Deus. A Igreja provoca as pessoas com o anúncio da Palavra, para que elas descubram qual é seu lugar e ajudem a edificar todo o Povo de Deus. Ressalta, portanto, nossa responsabilidade quando proclamamos essa Palavra. Se não for bem proclamada, podemos estar impedindo que a pessoa descubra seu lugar nesse Povo de Deus. E aí "atrasamos" a chegada do Reino para a pessoa ou para a comunidade.

Cremos que agora dá para entender um pouco mais a missão e a função que os Pastores têm na Igreja. O Papa é o Pastor e Mestre de todos os irmãos e irmãs, de todo o Povo de Deus. Os Bispos assumem também a missão de pastores de uma pequena parcela do povo de Deus, que são as dioceses, e consequentemente os párocos em suas paróquias. Todos têm a mesma missão de anunciar com autoridade e autenticidade a Palavra de Deus e confirmar os autênticos carismas presentes nas comunidades. Confirmar os dons concedidos pelo Espírito Santo. Eis o sentido autêntico de ser Igreja. Por isso que não podemos desejar fazer as coisas a nossa maneira ou rejeitar as correções que se fazem necessárias em vista da missão. A missão é o bem maior e não nossos desejos. Garantem assim o sentido certo da fé do povo de Deus. Numa palavra, somos chamados a viver *na* e *em* comunhão plena com todos. Só assim nos tornamos verdadeiramente discípulos e testemunhas de Cristo e manifestamos a plenitude da revelação divina.

Assim escutamos os ecos da Palavra de Deus na história humana que ressoam em nosso tempo.

É junto com a Igreja, portanto, que somos servidor, profeta, anunciador da Palavra de Deus, seja na vida de comunhão com todos, seja no ministério de proclamar a Palavra diante da comunidade.

3. A Força da Palavra de Deus

Quando nos reunimos em comunidade para uma celebração, é a Palavra que nos convoca para estar ali, e todos têm o direito de ouvi-la bem. Quem a proclama deve colocar toda a força necessária para que ela seja bem anunciada.

A Palavra de Deus nos convoca

No livro do Êxodo, capítulos 19 e 20, encontramos a força da Palavra que convoca o povo de Deus. O povo escuta o que Deus lhe fala por meio de Moisés: é a Aliança do Sinai. Eles estavam dispersos pelas próprias circunstâncias da vida, mas agora estão todos juntos, ouvindo e acolhendo o que o Senhor lhes tinha para falar.

Somos assim, corremos para todos os lados, procuramos resolver nossas preocupações, até que chega o momento em que paramos para ouvir o que o Senhor nos diz. As pessoas de fé agem assim: lutam na vida, mas reservam um tempo para o Senhor. Isso é a grandeza de um povo: unido pela Palavra.

Mais sublime ainda, quando reunidos na Eucaristia, ouvimos a Palavra e repartimos o Pão do altar. Percebemos que aqui está o grande significado de nossa primeira resposta na missa, quando o sacerdote diz: "A graça e a paz de Deus, nosso Pai, e de Jesus Cristo, nosso Salvador, e a comunhão do Espírito Santo estejam convosco". E nós respondemos: "Bendito seja Deus que nos reuniu no amor de Cristo!" Existe algo mais sublime do que isso? Duvidamos que haja algo maior do que isso! Estamos ali porque fomos convocados por Deus para ouvir sua Palavra por meio de seu Filho Jesus. E a palavra do Pai chama-se amor!

A Palavra também convocou os Apóstolos, homens rudes, simples, pescadores. Foram os primeiros que puderam ouvir a voz de Cristo que os convocou para a missão. Largaram tudo e o seguiram bem de perto. Não havia nada mais atraente, nem a própria pesca, do que estar perto do Mestre e ouvi-lo: "Estando ele a caminhar junto ao mar da Galileia, viu dois irmãos: Simão, chamado Pedro, e seu irmão André, que lançavam a rede ao mar, pois eram pescadores. Disse-lhes: 'Segui-me e eu farei de vós pescadores de homens'.

Eles, deixando imediatamente as redes, o seguiram. Continuando a caminhar, viu outros dois irmãos: Tiago, filho de Zebedeu, e seu irmão João, no barco com o pai Zebedeu, a consertar as redes. E os chamou. Eles, deixando imediatamente o barco e o pai, o seguiram" *(Mt 4,18-22)*.

A Palavra é assim: convocou ontem e nos convoca hoje, para que sejamos de fato um povo unido e forte.

A Palavra é sinal-presença-realização

Muitas coisas ditas na Escritura já se realizaram, e outras ainda se realizarão, como a fraternidade entre todos os povos da terra, profetizada por Isaías: "O lobo morará com o cordeiro, o leopardo se deitará com o cabrito. O bezerro, o leãozinho e o gordo novilho andarão juntos e um menino pequeno os guiará... a criança pequena porá a mão na cova da víbora..." *(Is 11,6ss.)*. Ainda se realizará a promessa de Jesus de voltar a terra, no dia do juízo universal. Outras já se realizaram, por exemplo, na narrativa da criação, no livro do Gênesis, quando Deus diz: "Faça-se a luz. E a luz foi feita" *(Gn 1,3)*, e todas as profecias que falavam da vinda do Messias, do Deus Conosco, também já se realizaram.

Olhando o evangelho, vemos quantas realizações de Jesus, nas quais a força de sua Palavra venceu as argumentações humanas, como esta, quando ele diz àquele homem com a mão atrofiada: "Levanta-te e vem aqui para o meio!" *(Mc 3,3)*. Não é preciso suceder os exemplos, pois já compreendemos o sentido e o significado da Palavra de Deus que se realiza no meio de nós.

Assim, a Palavra torna-se um sinal sacramental, sinal-presença de Deus junto de seu povo, porque a história da salvação continua em nosso tempo. A história da salvação é dinâmica, não é algo estático, parado, já realizado. Ela vai realizando-se a cada dia. Assim a Palavra da Escritura torna-se o grande referencial para todo o povo de Deus, mas, ao mesmo tempo, ela nos abre para sua realização hoje, para o futuro, para o caminhar com Deus na história da humanidade.

A Igreja, num documento do Vaticano II, chamado *Sacrosanctum Concilium*, fala-nos precisamente do cuidado que devemos ter para com a Palavra, principalmente na Liturgia, pois, por meio dela, é o próprio Cristo quem nos fala. Cristo e Palavra se identificam. Assim sendo, quando nos reunimos pela fé e pela Palavra, somos Igreja, somos sinais e presença do povo convocado pela Palavra do Senhor, realizando hoje a história da salvação.

A Palavra e seu estilo

As Escrituras como Palavra de Deus na vida dos homens têm um estilo literário próprio, conforme o texto: narrativo, sapiencial, poético, lírico, meditativo etc. Isso é uma riqueza, pois não só embeleza o texto sagrado como também provoca gosto em lê-lo, apreciá-lo, meditá-lo.

É importante um pouco de conhecimento de cada estilo para que, ao proclamar o texto bíblico, o enfatizemos conforme seu "caráter". Muitas paróquias cuidam bem de perto disso, e as pessoas aprendem o modo certo de proclamar cada leitura com um estilo próprio.

Isso é fundamental porque respeitamos o que a Palavra nos diz e também quem a redigiu desse modo. Imaginemos alguém dizendo alguma coisa lá de nossos avós, mas de modo errado. Nós o corrigiríamos, não? Pois é, porque o modo errado de dizer de nossos avós fere a história deles e de nossa família. Isso também podemos observar quando se trata da Palavra de Deus a ser proclamada numa comunidade: respeitar seu estilo literário.

Os que estão encarregados de proclamar a Palavra nas celebrações, não tendo esse conhecimento, podem exigir que alguém mais preparado os ensine.

Isso é importante porque ajuda a compreender a mensagem que o texto nos dá; mas o que deve permanecer em nós é a mensagem do texto sagrado e não seu estilo literário.

A Palavra proclamada

É a Palavra anunciada na assembleia, carregada de ensinamento divino. Os textos usados na liturgia foram preparados com muito cuidado para que pudéssemos ter uma visão dos textos bíblicos, de sua importância e de sua implicância na vida humana. A Palavra está presente na vida e na morte, na alegria e na tristeza, na festa e na solenidade. Ela tem tudo a ver com a vida inteira dos seres humanos. Ela está presente na celebração, seja qual for, pois ela traz a presença daquele que mais ama: Deus!

A presença da Palavra na celebração torna muito diferente a vida; como é diferente tomar a Bíblia e lê-la simplesmente. Nela, na celebração, é a Palavra que se comunica conosco. Basta querer e observar um pouco para perceber isso. Ela reparte conosco os sentimentos divinos. Essa partilha chama-se celebração. Por isso, é de grande responsabilidade a proclamação da Palavra na liturgia. Ela deve ser proclamada. E quem a proclama deve preparar-se para exercer esse serviço em favor da comunidade. Esse momento não é para se fazer um sorteio, e consequentemente ver sobre quem cairá a sorte de fazer a proclamação da Palavra naquela celebração. Proceder assim é quase que praticar uma aberração litúrgica.

Portanto, ao nos aproximarmos da Mesa da Palavra, tenhamos, pois, o mínimo de sentimento ou de percepção de que vamos proclamar algo divino na história da humanidade, e não apenas dizer uma sequência de frases ou de palavras. Coloquemo-nos diante dela como pessoas orantes.

A Palavra celebrada

Embora a Palavra celebrada esteja muito próxima da Palavra proclamada, é importante distinguir uma da outra, pois, mesmo que haja implicâncias, a distinção ajuda-nos a complementar o pensamento.

Na missa, principalmente, são tomados textos do Antigo Testamento – como é sempre o caso da Primeira Leitura, salvo as exceções de algumas festas, solenidades ou Tempo Litúrgico, especificamente o Pascal. Na sequência, vem o Salmo Responsorial, que não é meditação da Palavra, mas nossa resposta à Palavra ouvida. E é sempre litúrgico que seja ele cantado. O salmista tem uma função litúrgica fundamental no contexto da celebração eucarística.

Sempre do Novo Testamento segue a Segunda Leitura, na qual o apóstolo apresenta-nos a riqueza da fé e o compromisso cristão vividos nas primeiras comunidades cristãs, a experiência pós-pascal de todo o povo de Deus "primitivo".

Assim nos preparamos para compreender o ponto central da Palavra, que é o evangelho de Jesus. O evangelho é Palavra de salvação, de redenção. É o próprio Cristo. Ele e o evangelho se identificam. Por isso é que ficamos em pé para escutá-lo, pois é o Pai quem nos fala por meio de seu Filho Jesus Cristo. É o centro de toda a Sagrada Escritura.

Assim, a Palavra é celebrada, levando-nos a compreender de modo tão próximo tudo o que foi dito muito antes de existirmos. Mas, para Deus, não há tempo passado ou futuro. Nele tudo é presente e presença. Por isso, devemos ficar mais do que atentos na Liturgia da Palavra.

A Palavra contemplada

Contemplar a Palavra de Deus, para nosso entendimento, pode ser explicado como o ar que nós respiramos. É impossível vivermos sem o oxigênio. E uma vez que o respiramos, ele penetra nosso pulmão, que se encarrega de injetá-lo por meio dos alvéolos pulmonares em toda a corrente sanguínea. Consequentemente nos mantemos vivos e fortes.

A contemplação da Palavra de Deus é como o ar:

penetra nosso coração, atinge nosso ser inteiro e também nosso viver. Contemplar é deixar que a Palavra nos diga o que ela quer dizer. Temos a impressão de que, normalmente, as pessoas mais comprometidas com a Igreja, ao tomar um texto sagrado, logo já imaginam o que ele diz para os outros. O mais importante e que vem em primeiro lugar é o que ele nos diz. E depois de ter sido contemplado então poderá ser dito para os outros, num ato de caridade, ou seja, ajudar o outro a viver com firmeza sua fé. Aliás, é notório quando nossas reflexões são feitas apenas com a razão. Quando elas passam pelo crivo da contemplação, vemos o quanto é diferente uma reflexão ou pregação. No caso dos sacerdotes (eu sou um sacerdote), não dá para ficar diante da televisão até às 23 ou 24 horas e no outro dia de manhã celebrar e pregar. Que pregação poderá sair?

Na verdade, todos nós temos responsabilidades diante do povo de Deus, e quanto melhor fizermos as coisas, mais nobres serão nossas atitudes, e mais edificado ficará o povo amado do Senhor.

É importante percebermos isso porque, no caso do Ministério de Leitor, podemos preocupar-nos primeiro em ler e reler o texto para não pronunciar as palavras de modo errado. Claro que isso é também importante, e por respeito ao povo temos de fazer bem a leitura.

Mas o primeiro e mais importante fator é mesmo a contemplação. Trancamo-nos em nosso quarto, reservemos algum tempo e deixemos que o Espírito de Deus ajude-nos a penetrar no texto sagrado que será proclamado.

Contemplar é próprio dos místicos de nosso tempo que não deixam suas atividades e obrigações, mas também não se deixam seduzir pelo burburinho do mundo. O místico de hoje sabe entender os sinais dos tempos, pelos quais o Senhor nos fala.

A Palavra no coração

Por fim, embora já esteja presente nas "entrelinhas" do que foi dito acima, é preciso que a Palavra seja mais coração que razão. A razão é importante e deve ajudar-nos a compreender racionalmente o texto sagrado. Mas quem deve acolher é nosso coração. É como aquele dia em que Jesus foi à sinagoga de Nazaré e, tomando um texto do profeta Isaías *(61,1-2.10-11)*, falou de sua missão, daquilo que estava guardado no mais profundo de seu coração: "O Espírito de Deus está sobre mim, porque ele me consagrou pela unção para evangelizar os pobres, enviou-me para proclamar a libertação aos presos e aos cegos a recuperação da vista, para restituir a liberdade aos oprimidos e para proclamar um ano de graça do Senhor" *(Lc 4,18-19)*.

O que nos impressiona nesse fato é que Jesus vai dizer: "Hoje se cumpriu a vossos ouvidos essa passagem da Escritura" *(Lc 4,21)*. Para nós é até fácil compreender isso, mas para aqueles que ouviam Jesus era uma grande revolução, um grande impacto: ali estava o esperado das nações! E o burburinho foi grande.

A Palavra tem de encontrar, primeiro, acolhida no coração daquele que a proclama, para que possa proclamá-la de todo o coração. Esse Ministério da Proclamação da Palavra de Deus em nossas assembleias precisa ser exercido com emoção, com garra, com empenho, com entusiasmo. Tudo deve ser feito de modo equilibrado, sem exageros, mas temos de aprender a transmitir com força a Palavra da vida.

Reunidos no nome do Senhor, não estamos ali para celebrar ideias, mas a própria vida de Deus na vida dos homens e das mulheres. É por isso que, apenas acenando aqui, cantamos o Salmo Responsorial e a Aclamação ao Evangelho: para que seja arrancado de nosso coração um louvor sincero ao Deus que, por iniciativa de seu amor, veio a nosso encontro.

Tomar parte, portanto, no Ministério de Leitores de uma comunidade é algo maior do que apenas saber ler as letras impressas no papel. É necessário ter o Espírito de Deus, que é luz, colocar-se em silêncio diante dele, com espírito orante, para que anuncie, de fato, a Palavra de Deus àqueles que a ouvem.

4. Ministério de Leitores

A palavra *ministério* pode ser traduzida como o *serviço* que a pessoa realiza em favor do Reino de Deus na Igreja.

A função que o leitor tem numa celebração é verdadeiro ministério. Hoje se dá uma boa atenção para esse trabalho dentro da comunidade, o que é de fundamental importância.

Quem se põe diante de uma assembleia para proclamar a Palavra de Deus tem a mesma missão de João Batista, que indo à frente preparou os caminhos do Senhor. O leitor também o prepara, para que o evangelho chegue bem perto do coração e da vida das pessoas.

Brota no leitor, assim, uma grande responsabilidade para com o Reino e para com as pessoas que o escutam. Por isso, ele deve dar tudo de si, pois seu serviço está voltado para algo muito sublime, que é a presença do Reino, proclamado na Palavra. Deve aperfeiçoar-se o mais que puder por meio de orientação de pessoas mais experientes, de leituras e de observação de si mesmo, de como atua diante do povo de Deus.

Certa vez, vi alguém manifestando sua observação a outro leitor que não havia lido muito bem, dizendo errado certas palavras. A pessoa se sentiu ofendida com isso. É uma pena, pois aí estava faltando realmente uma consciência de seu ministério. O que o outro estava corrigindo era uma verdadeira caridade para com a pessoa e para com a assembleia, e de grande respeito para com as coisas do Reino. Mas nos costumamos a medir as coisas mais pelos sentimentos, e por isso não admitimos com facilidade que erramos e que podemos nos corrigir. Claro que o modo de dizer ao outro, seja o que for, é importante, mas é sempre bom e saudável saber dizer para que haja aceitação. E quando alguém nos ajuda a crescer, isso é caridade, e devemos agradecer isso. A humildade sempre faz bem.

Sabemos que esse Ministério é de fundamental importância para o povo de Deus, e para isso devemos preparar-nos do melhor modo possível. Vamos exercê-lo com nossa pessoa, com os dons ou as qualidades que Deus impregnou em nossa existência, e devemos esforçar-nos para melhorar mais e mais. Por isso, a partir de agora, serão apresentados pontos que pretendem ajudar-nos a nos observar, a mostrar como nos exercitar para melhorar nosso Ministério, ou esse serviço que prestamos com dedicação e empenho. Valem o esforço e o empenho, mas não está dispensada a busca de um aperfeiçoamento cada vez maior para nosso próprio bem e de todo o povo de Deus.

Estado da alma

Os pontos elencados a seguir querem ajudar-nos a criar um procedimento de fé de nossa parte, antes de nos colocar diante da assembleia para proclamar a Palavra de Deus. A esse espírito chamamos de *Estado da Alma*, por entender que, quando nos preparamos com intensidade para uma missão e empreendemos nosso esforço para realizá-la, Deus supre nossas limitações. Isso significa que a graça de Deus vem ao encontro de nossa natureza humana e a supõe. Vejamos, pois, alguns pontos desse "Estado da Alma" que parecem importantes enquanto nos ajudam a compreender esse Ministério de Leitores.

– **Espírito de Fé:** A fé é dom de Deus. Ele no-la dá por sua bondade e a recebemos desde nossa concepção, pois aí já somos queridos e amados por Deus. Confirmamos nossa fé no batismo recebido e nos outros sacramentos. Consagramos nossa fé pela participação e pelo comprometimento com a comunidade. Ao proclamar a Palavra de Deus, não proclamamos algo que é fruto da inteligência humana, pois a Palavra é de Deus, e o escritor sagrado foi inspirado por Ele. Por isso é um ato de fé, e não da razão. Colocar-nos diante da Palavra e a acolhermos como alguém que acolhe um amigo é acolhê-la *na* e *pela* fé. Antes de fazer a leitura, portanto, colocamo-nos diante dela com toda a nossa fé. Os racionalistas a interrogam, as pessoas de fé a acolhem.

– **Espírito de Anúncio:** Momentos antes de Jesus subir aos céus, depois da ressurreição, diz aos discípulos: "Ide, portanto, e fazei que todas as nações se tornem meus discípulos, batizando-os em nome do Pai, do Filho e do Espírito Santo e ensinando-os a observar tudo quanto vos ordenei" *(Mt 28,19-20).* Ao proclamar a Palavra de Deus, o leitor precisa estar consciente de que está fazendo um anúncio de algo sublime e que é mensagem de salvação. Para crer, é preciso ouvir o que Deus nos fala, pois a fé brota do ouvir e acolher sua Palavra. É, portanto, uma nobre missão poder anunciar a verdade do Reino. Assim sendo, devemos fazê-la do melhor modo possível, para que a Palavra chegue bem clara ao ouvido das pessoas, pois ela é o início do caminho até o coração. Em parte, cumpre-se, pois, o pedido de Jesus para anunciar a todas as criaturas.

– **Espírito de Respeito:** A Palavra tem de ser respeitada com intensidade porque não é nossa palavra, é a de Deus. E se Deus nos respeita como seu filho ou filha, claro que devemos respeitá-lo, no sentido de amar aquilo que é dele. O respeito para com a Palavra também se estende no respeito ao irmão ou irmã que está ali, ouvindo, ou desejoso de ouvir bem. Todos nós nos sentimos atraídos por aquilo que é dito bem. E a Palavra é bendita, por isso o respeito para com ela está em dizê-la bem. Devemos, portanto, nesse encargo, dar tudo de nós para que ela seja dita do melhor modo possível. O leitor deve colocar-se diante da Palavra com toda a sua dignidade, sem exageros ou excesso de rituais externos, mas de um modo que exteriorize seu amor para com a Palavra. Quando fazemos as coisas com dedicação, o povo não percebe nossos defeitos ou não se importa com eles, pois reconhece que estamos dedicando-nos para valer.

– **Ler antes:** Pode ser que a rotina crie em nós um mau hábito: o de achar que já sabemos o que vai ser anunciado, e aí não nos preocupamos muito em ler antes o que será proclamado. "Aí mora o perigo", como se diz popularmente. O maior perigo que há é este: tornar-se como que um funcionário do sagrado. Claro que nenhum leitor vai fazer isso propositadamente, mas, por força do hábito de fazer leituras, pode ocorrer tal coisa sem que a própria pessoa perceba. Por isso, o ler antes, como se fosse a primeira vez, o entrar no espírito da leitura, é de suma importância para o Ministério do Leitor e para a assembleia que o ouvirá. O ideal seria até mesmo decorar a leitura e proclamá-la na Mesa da Palavra, mas sabemos que isso é fácil para poucos. O importante é abraçar conscientemente essa bela missão e ler antes para dizê-la bem.

– **Meditar a Palavra:** A Igreja, portanto, todo o povo de Deus, cresce quando medita a Palavra do Senhor. Ela nos mostra os muitos prodígios de Deus na história da salvação e os torna presente hoje em nossa história. A história da salvação não foi somente ontem. Ela é hoje e continua por meio de nós. Meditar a Palavra significa compreender em nosso tempo e em nossa história o Deus que continua presente no meio de seu povo, dando-lhe seu amor, apresentando-lhe sem cessar seu Filho Salvador. Na liturgia, Deus age de um modo misterioso, mas real, verdadeiro, presente. E a Palavra ilumina esse grande mistério de sua presença e de seu amor. Por isso, não é pequena a responsabilidade de quem anuncia esse mistério de salvação, e para isso é preciso que ela passe pelo crivo de nosso coração, ou seja, por nossa meditação da Palavra que vamos anunciar. Não nos esqueçamos de que somos canais da graça de Deus, e tudo o que for feito com dedicação produz seus efeitos esperados. Esse é o meio eficaz pelo qual a Palavra do Senhor se propaga e se torna conhecida e amada entre os povos e as nações.

– **Buscar o que ela nos diz:** Quando nós, como povo de Deus, nos reunimos, fomos sim convocados pela Palavra de Deus. Fomos reunidos pelo Espírito Santo que nos deseja e nos quer dar o dom da santificação. Nela, vemos e sentimos bem de perto a Aliança eterna de amor que Deus faz conosco por meio de seu Filho Jesus Cristo. Pela palavra ou pelo testemunho de vida nos tornamos anunciadores dessa verdade. Ela nos ajuda a olhar o passado, a compreender o presente e a penetrar o futuro. Ela faz com que nos mantenhamos firmes nos propósitos do Reino, mesmo diante das muitas turbulências de nosso mundo. Indica-nos onde está a verdadeira alegria. Portanto, o leitor ao meditar a Palavra e buscar o que ela lhe diz, entra no espírito de comunhão com o Deus da vida e a história da salvação. A mistura desses "ingredientes" dá um belo jardim: a Aliança com Deus! Desse modo vamos caminhando como povo de Deus, em direção à plenitude da verdade divina. Vejamos, pois, antes de tudo, o que a Palavra nos diz.

– **Fazer silêncio:** Num mundo tão barulhento em que vivemos, o silêncio não só é necessário como é reivindicado sempre. Li, certa vez, uma frase inteligente, escrita num muro: "A paz que você procura está no silêncio que você não faz!" Nem sei de quem é a frase, mas ela é muito significativa. O barulho do mundo não é só externo, como o de uma moto estridente, mas também o barulho das ideias, dos pensamentos que esvaziam ou regridem o ser humano. O silêncio nos faz encontrar com Deus. Essa é a grande sabedoria dos monges: guardam grande silêncio! Nele podemos contemplar a Deus, "escutar sua voz", que nos fala por meio de sua Palavra, pelo gesto do irmão, pela caridade, pela humildade, pela generosidade... O silêncio nos faz compreender a nós mesmos e aos outros. Numa palavra, ele nos ensina a misericórdia. Procuremos, pois, antes de caminhar para a celebração, guardar bons instantes de silêncio, pensando em nossa missão de proclamar a Palavra de Deus e naqueles que irão escutá-la por meio de nossa voz. Às vezes, até na procissão de entrada, há conversas desnecessárias; e guardar silêncio vale para todos aqueles que irão participar mais diretamente da celebração.

O corpo também é comunicação

Nesse serviço prestado à Igreja, diante da assembleia reunida, devemos cuidar de alguns pontos que são importantes na comunicação da palavra. A palavra continua sendo a grande senhora da comunicação, mesmo com todos os meios sofisticados que existem em nossos dias. A técnica não sobrepôs nem irá sobrepor-se à palavra, dom de Deus para nós. Imaginemos um casal ou uma família que não se fale. Seria um desastre!

Diante da responsabilidade que o leitor tem ao proclamar a Palavra de Deus, é preciso notificar alguns pontos que o ajudem a melhorar sua comunicação. À medida que tomamos consciência da importância desse Ministério e do que temos de melhorar em nós, certamente haverá melhor proveito de todos naquilo que realizamos. Quem tem a caridade de lembrar nossas falhas deseja sinceramente nosso bem. E jamais podemos entristecer-nos ou magoar-nos com quem sinceramente nos vem lembrar onde estamos falhando. A pessoa humana em sua extrema sensibilidade, o que é uma riqueza se bem trabalhada, pode também perder a chance de crescer, de melhorar, e se deixar tocar somente pelo sensível.

A seguir, observemos alguns pontos que nos ajudam a compreender nosso *corpo como comunicação*. Nosso corpo inteiro deve proclamar a Palavra de Deus.

– **Cuidar da voz:** A voz é o mais belo instrumento de comunicação que nos foi dado por Deus. Ela também precisa ser bem cuidada e existem técnicas e meios para isso. Aqui lembraremos apenas que ela precisa ser trabalhada, em vista da grandeza daquilo que queremos comunicar: a mensagem divina. Procuremos relaxar todos os nervos faciais antes de ir para a celebração, como também nosso corpo inteiro. Isso nos ajudará a nos colocar tranquilo na assembleia e a dizer bem as palavras. Qual a consequência disso? Juntamente com a verdade que estamos proclamando, transmitimos a paz que estamos sentindo. As pessoas percebem isso e podemos servir de inspiração àqueles que desejam ficar mais um pouco em paz. O cuidado com a voz ajuda-nos a falar com clareza, faz-nos demonstrar a verdade, ajudando-nos a ter resistência e controle. Nela é importante que se coloque emoção (sem exageros e muito menos aquele tom choroso que mais desagrada do que agrada) e se demonstre naturalidade e convicção naquilo que é proclamado.

– **Postura diante da assembleia:** Imaginemos um locutor de rádio: o receptor recebe uma voz "sem corpo", e o locutor, sabendo disso, tem de cuidar imensamente de vários aspectos de sua comunicação. Agora, o leitor está diante de uma assembleia reunida, que escuta sua voz e vê seu corpo. Portanto, não é de qualquer modo, ou de qualquer jeito, que deve colocar-se diante da assembleia. O corpo deve estar ereto. Muitas vezes, o leitor dobra-se visivelmente sobre o livro de leitura, o que acaba oprimindo o pulmão e dificultando o fluxo de ar, além de ser uma posição pouco conveniente para a função. Consequências: modo indevido de se pôr diante da assembleia e leitura sofrida por causa do fluxo de ar. Nosso corpo transmite serenidade ou agressividade, medo ou confiança, ternura ou raiva... Isso depende da consciência de que nosso corpo também é comunicação. Procuremos observar e treinar esse aspecto, para que haja melhora em nosso procedimento corporal no momento da leitura. Corrigir-se é próprio de pessoas nobres.

– **Exercício de dicção:** Não basta apenas saber ler, pois é preciso pronunciar bem as palavras, suas vogais e suas consoantes. Ninguém pode dizer: "Nós somo", mas "nós somos!" A dicção, além de ser o pronunciar corretamente a palavra, respeita os sinais ortográficos: ponto final (.), vírgula (,), ponto e vírgula (;), exclamação (!), interrogação (?). Algumas frases ou dizeres para treinarmos nossa dicção:

• O papa papa papa, o papa papa pão, se o papa papasse tudo, seria um papa papão.

• Três pratos de trigo para três tigres tristes.

• O rato roeu a roupa do rei de Roma e a rainha com raiva resolveu remendar.

• Não confunda ornitorrinco com otorrinolaringologista, ornitorrinco com ornitologista, ornitologista com otorrinolaringologista, porque ornitorrinco é ornitorrinco, ornitologista é ornitologista, e otorrinolaringologista é otorrinolaringologista.

Nossa língua, o português, é muito bonita, melodiosa. Mas precisa ser bem falada, ainda mais na função desse ministério de anunciar a Palavra de Deus. Procuremos treinar o mais que pudermos, e não nos achar já prontos e perfeitos. Vi um radialista, na Rádio Aparecida, antes de gravar um comercial, treinando sucessivamente os dizeres da propaganda. Se ele há anos nessa profissão estava continuamente a treinar, quanto mais o leitor para transmitir a mensagem de salvação. Façamos todo o esforço necessário para isso.

– **Controlar a respiração:** Outro ponto fundamental neste item do corpo como comunicação é a respiração. Ela tem de ser treinada também. Não é possível colocar aqui os exercícios de respiração, mas saiba que temos a respiração: pulmonar e diafragmal (nossa pele também respira, mas não é o caso de citar aqui). Um cantor lírico consegue longas tonalidades por causa de sua respiração diafragmal, ou seja, o ar penetra de baixo para cima e não do pulmão para baixo. Prestemos atenção como a criancinha respira: sua respiração é correta! Isso nos ajudará a não perder o tom de voz e nem a cortar a frase pelo meio por falta de ar. Procuremos informar-nos, ler ou buscar alguém experiente que nos ajude a treinar nossa respiração, para que nossa leitura seja tranquila e eficaz. Além disso, agindo assim estamos ajudando as pessoas que nos ouvem a entender a Palavra de Deus que proclamamos.

– **Cabeça erguida:** Quando falamos de ter a "cabeça erguida" pode ser no sentido figurativo: alguém que sabe o que está fazendo e vai adiante, cheio de esperança! Pode ser também no sentido de superioridade, de destaque, de privilégio, o que, aliás, é defeito grave na pessoa. Mas, nessa nossa conversa, ela é em sentido físico mesmo: não dobrar o pescoço, ou seja, não colocar a cabeça para baixo para fazer a leitura. Isso, além de impedir uma comunicação do corpo com a assembleia, dificulta a respiração e a dicção e não dá uma visibilidade agradável. Nós, leitores, devemos estar sempre com a cabeça erguida naturalmente. Se, porventura, a Mesa da Palavra é um pouco baixa e a pessoa bem alta, é preciso arrumar o melhor jeito para que não ocorra o fato de ela se dobrar sobre a mesa para enxergar melhor a letra. Para evitar isso, é preciso também uma luminosidade suficiente para uma boa leitura. Ainda, se há na pessoa um hábito de dobrar-se sobre o livro de leitura, é preciso, sem dúvida, corrigi-la. Se for preciso, erga o lecionário até à altura que facilite a leitura, sem que a pessoa precise abaixar a cabeça. Não nos esqueçamos de que tudo o que estamos proclamando deve ser proclamado do melhor modo possível, e não pode faltar nosso esforço para que isso aconteça.

– **Olhar a assembleia:** Enquanto proclamamos a Palavra, é importante que também fixemos, de modo rápido, o olhar sobre a assembleia. Esse momento da leitura é o momento do grande diálogo de Deus com seu povo. O fixar o olhar sobre a assembleia pode ser uma técnica, mas aqui vem carregado do sentido de intercâmbio, de proximidade, de interlocução. Embora isso pareça muito simples, necessita de treino também, para que ao voltar nossos olhos para a leitura saibamos onde estávamos. Treinando, conseguimos também olhar o final da frase e a dizemos sem fixar os olhos no livro de leitura. Certo é que, sabendo o que deve ser feito, cada leitor deve descobrir seu jeito próprio de fixar seu olhar sobre a assembleia e voltar à leitura sem ficar perdido. O fundamental, ou o mais importante aqui, é que aconteça este sentido salvífico: Deus é quem dialoga com seu povo, e o leitor é quem comunica a Palavra e se comunica com Deus.

Respeitar o gênero literário

A Bíblia traz vários gêneros literários: poesia, narrativa, carta, exortação etc., que devem ser respeitados em seu gênero e como tal devem ser proclamados. Por exemplo, os Salmos são do gênero sapiencial e poético;

portanto, se os leio como uma narração, eles perdem muito de seu teor. O respeito para com o gênero literário facilita a compreensão de quem ouve a leitura e prende sua atenção.

A comunidade pode promover algum "curso" que ajude as pessoas, ou melhor, os leitores, a compreender cada gênero e como usá-los no momento da proclamação da Palavra de Deus. Alguém formado em Letras ou Literatura poderá colaborar num pequeno curso de poucas horas. O resto é treino e atenção. Ninguém precisa achar que isso é extremamente difícil; e dizer que isso é necessário não deve espantar ninguém desse importante Ministério. Às vezes, os responsáveis por isso nada dizem com medo de perder as outras pessoas. Assim marcamos sempre pelo negativo, enquanto que o objetivo é ajudar a todos a crescer em seu Ministério. A pessoa vai desenvolver-se aprendendo um pouco mais e a proclamação da Palavra se tornará mais convincente e atraente. Ninguém precisa, portanto, achar-se menor ou incapaz. Crescer é bom, importante e necessário. Invista em você!

Não estamos também falando de perfeição, mas de atenção e empenho em algo tão sublime que é a Palavra de Deus. Vejamos o sentido dos principais gêneros literários da Bíblia, para que possamos proclamar a Palavra com carinho. O ritmo de cada gênero deve ser feito à parte, com pessoas experientes nesse campo.

– Poético: O que é próprio da poesia: tem rima, tom, ritmo. Na proclamação da Palavra não é necessário proclamar como se fosse uma poesia, mas é preciso dar um ritmo poético, como são, por exemplo, alguns salmos.

– Narração: O texto traz a descrição de um fato ou contém um diálogo. O modo melhor de proclamar um texto desse gênero é respeitar fielmente a pontuação e balancear o tom de voz conforme a descrição do próprio texto. Por isso, deve ser lido antes e compreendido para poder proclamá-lo.

– Sapiencial: É o texto que mostra a Sabedoria divina, como: Eclesiástico, Salmos, Sabedoria, Provérbios... Para proclamar um texto desse gênero é preciso usar bem o tom de voz, de modo que ajude o ouvinte a acolher sua mensagem. Ritmo e equilíbrio aqui são muito importantes.

– Exortativo: Normalmente o texto exortativo vem carregado de uma moral e de uma chamada de atenção bastante forte. As cartas de São Paulo são normalmente exortativas, pois ele procurava firmar o comportamento das primeiras comunidades. Leia e observe o quanto elas apontam para essa direção.

– Profecia: Esse é um gênero bastante presente na Bíblia. Faz sempre uma "análise" da história ou do comportamento humano e mostra as consequências que poderão advir. Proclamar uma leitura desse gênero é chamar a atenção para o mistério de Deus na vida de seu povo.

– **Carta ou Epístolas:** Esse gênero já é bem próximo de nós. Certamente todos nós já recebemos alguma carta um dia. Dirige-se a uma pessoa ou a uma comunidade específica. Com São Paulo, esse gênero perpassa a maior parte do Novo Testamento.

Poderíamos ainda citar outros gêneros literários, mas julgamos suficientes esses que vimos acima. O importante é que cada leitor vá crescendo mais e mais na compreensão e na execução desse Ministério, para o bem do Reino de Deus e da Igreja. Qualidade é uma exigência de nossos tempos, mas em nosso caso tem de estar carregada de vida, de amor, de dedicação, de empenho. O que jamais pode faltar é a caridade para consigo mesmo e com os outros. Procure crescer na compreensão de seu Ministério e usar os recursos necessários para o bem da proclamação da Palavra de Deus, mas jamais se sentir acima dos outros ou apontar suas falhas sem caridade e fazer críticas sem amor. Qualquer crítica deve estar carregada de amor, e se não for assim estou "desenhando-me com ares de superioridade", e aí o ministério que é exercido não é serviço, mas busca de promoção pessoal. Deus espera outra coisa de nós, e a Igreja também.

Alguns pontos práticos

Sendo que o objetivo deste material é ajudar-nos a exercer bem nosso Ministério – pelo menos em seus pontos principais –, é bom percebermos que, em algumas coisas práticas – e que às vezes fazemos quase que automaticamente –, eles nos ajudam na boa execução da proclamação da Palavra de Deus.

– **Silêncio:** É bom aquele silêncio rapidinho antes de começar a fazer a leitura, para que o povo saiba distinguir o que foi comentário do Comentarista e o que é a Palavra que será proclamada. Isso se faz em no máximo cinco segundos. Quando for transmitida pelo rádio, devem-se evitar os espaços em silêncio, porque o povo ouve, mas não vê. Com a televisão isso é possível, pois temos a imagem.

– **Dizer a fonte:** Isso significa dizer: *Leitura do Profeta Jeremias, Isaías, Carta de São Paulo apóstolo aos Coríntios etc.* Evitar ficar falando capítulos e versículos, pois dificilmente guardamos. O importante é dizer de que fonte estamos proclamando, ou seja, de qual livro da Bíblia estamos proclamando a Palavra.

– **Palavra do Senhor:** Ao terminar a leitura dizer sempre: "Palavra do Senhor", a que o povo responde: "Graças a Deus". A Palavra da Salvação só é para o final do evangelho, e nunca para o final da leitura.

– **Som:** Em tempos de comunicação, o som é importante no anúncio da Palavra. Por isso, deve sempre haver alguém encarregado e que entenda pelo menos o razoável para controlar o som. "Onde muitos mexem ninguém é responsável." Depois, todos os microfones devem estar regulados adequadamente. Nada de deixar o microfone dos músicos lá em cima e o dos leitores ou o do padre lá em baixo, ou vice-versa. Certamente, se São Paulo percorresse algumas de nossas comunidades, nunca teria dito: "Como poderão invocar aquele no qual não acreditaram? Como poderão acreditar, se não ouviram falar dele? E como poderão ouvir, se não houver quem o anuncie?" *(Rm 10,14-15)*. Cuidados com o som são importantes por causa da mensagem que será transmitida. Aplicar gastos em um bom som numa igreja ou num barracão é aplicar devidamente na pastoral (normalmente, queremos os mais baratos e de qualidade suspeita).

– **Uso do microfone:** Esse instrumento é para ser usado, e bem. Mantenha a distância suficiente para que ele capte bem o som de sua voz. Não o coloque distante nem junto da boca. Não leve a boca ao microfone, mas o microfone à boca. Procure perceber como está saindo o som na igreja e module bem sua voz, para que a leitura seja agradável.

– **Tom de voz:** Esse é um ponto importante, pois, além do que já foi dito sobre gênero literário, o tom de voz também é fundamental na compreensão e na boa proclamação da Palavra de Deus. Pode ocorrer que a pessoa, por hábito, diminua a tonalidade de sua voz no final das frases. Isso é um péssimo defeito. O controle da respiração facilitará a manutenção do tom de voz do começo ao fim da leitura e na expressão de cada frase completa. Jamais uma leitura deve ser feita "para dentro", como dizemos, ou seja, a pessoa lendo para ela mesma. Dosar a emissão da voz, forte ou suave, conforme sugere o texto bíblico a ser proclamado.

– **Pronunciar bem as palavras:** Embora já tenha sido acenado no item sobre a dicção, cremos que seja bom relembrar isso. O leitor deve pronunciar bem cada sílaba da palavra para que seja compreendida. Quando está atento a isso, certamente os ouvintes também ficarão atentos. Eles poderão acompanhar melhor a Palavra proclamada. Aliás, pronunciar bem deve ser condição prévia para ser leitor.

– **Procure treinar em casa:** Quando vemos um artista na novela, por exemplo, achamos que tudo é muito fácil para eles. Mas, na verdade, cada vez mais eles penetram no papel que irão fazer e mergulham no texto a ser pronunciado. Há esforço constante para isso. Assim deveria ser o leitor da Palavra de Deus, em cada leitura que fosse fazer. Mas, podemos, por exemplo, diante de um espelho, observar-nos enquanto lemos, nossa articulação, tonalidade de voz, expressão de nosso corpo. É preciso, sim, treinar e se esforçar para isso, para o bem de nosso Ministério. Nunca nos achemos totalmente prontos para esse Ministério. O perigo da rotina é não nos deixarmos perceber o que precisa ser melhorado. É sinal de humildade pedir a opinião dos colegas sobre isso.

Certamente, há muitos outros pontos práticos que poderiam ser aqui mencionados. Mas cada um de nós tem sua percepção e observação e poderá aprender daqueles que aqui não estão elencados. Em nossas conversas com pessoas maduras e experientes também podemos tirar dúvidas ou aprender um pouco mais. O que não deve ocorrer é o "eu acho que...". Isso pode esconder um grande desejo de poder. Podemos "achar", mas devemos confrontá-lo com outro e tornar mais claro nossa percepção, nosso conhecimento etc. Sozinhos podemos rezar bem, mas junto com o outro será muito melhor.

Comentarista ou animador

O comentarista ou animador exerce um serviço que está muito ligado ao Ministério da Palavra, pois se trata de uma celebração litúrgica. Ele tem um papel importante dentro da celebração, enquanto ajuda e orienta a assembleia a perceber o que está sendo celebrado. Não é sua função fazer pregação, chamar a atenção (ralhar) de alguém ou de alguma situação. Não é sua função também ler as intenções da missa, o que pode ser feito por outra pessoa da comunidade designada para isso, nem "puxar" ou indicar o número, a página ou qual será o cântico daquele momento, e assim não se acumulam funções. Sua função é ajudar a comunidade a celebrar, e suas interferências são para atrair a atenção da assembleia para o que vai ser realizado naquele momento da celebração. O comentarista ou animador não é também um simples leitor do folheto. Por isso, deve preparar-se para cumprir sua função. Animador ou comentarista não se apanha cinco minutos antes de começar a missa: "Venha cá, não tem ninguém, então faça o comentário para nós". Muita disponibilidade da pessoa, mas esse modo de proceder é incorreto e indevido.

Vejamos, pois, alguns pontos principais da função do comentarista ou do animador da celebração (os dois títulos têm a mesma função, embora nos pareça que *animador* é mais adequado).

– **Saudação aos presentes:** É de bom tom dirigir-se aos presentes saudando-os, com discrição e ternura. Jamais se deve proceder assim: "Bom dia", e depois repetir: "Eu não ouvi. Bom dia". Além de agredir, esse não é o procedimento educado do comentarista.

– **Dirigir-se à assembleia com respeito:** Demonstrar boa educação e respeito para com todos. Exemplo: jamais se dirigir como um comandante a sua tropa: "De pé! Sentados!". Educadamente e deve dizer: "Fiquemos em pé" ou "fiquemos sentados". Não cair também no outro extremo de ficar parafraseando: "Por favor, fiquemos em pé" ou "Por favor, sentados". Exageros à parte, o que a assembleia deve sentir é que está sendo respeitada.

– **Iniciando a celebração:** É importante e fundamental que haja silêncio para se iniciar a celebração. É função do animador pedir um instante de silêncio, coisa de um minuto. Depois, dar as boas-vindas, acolher os presentes. Em seguida, começa o comentário inicial, que, em poucas palavras, prepara a comunidade para o sentido da celebração. Nem sempre os comentários levam a isso, mas esse é o objetivo. O comentário inicial não é pregação, mas convite para celebrar. Nele se lembra o sentido principal daquela celebração que estamos iniciando. Depois, o animador convida para acolher a procissão de entrada e para o cântico inicial. Não é necessário descrever todos os participantes da procissão de entrada (Ministros do altar, Coroinhas, Leitores etc.); aliás, deveriam ter algumas pessoas do povo também e não só os que irão exercer funções na celebração, pois essa procissão nos lembra o Deus que entrou na história de seu povo e fez com ele a história da salvação. Nesse sentido, basta apenas dizer: "Acolhamos a procissão de entrada, e o Presidente da celebração, com o cântico de entrada".

– **Dizer o nome:** É bom dizer o nome do presidente da celebração e dos concelebrantes (se eles forem muitos, apenas reconhecer sua presença). Não é necessário fazer o panegírico, ou seja, descrever toda a história do presidente. Apenas dizer seu Ministério: Padre, ou Bispo, ou Cardeal, ou Núncio Apostólico. As coisas precisam ser ditas com simplicidade e sem demora, para que não quebrem o ritmo da celebração já iniciada. Se eles já são conhecidos de todos, isso não é necessário.

– **Nome dos leitores:** Dizer o nome dos que irão fazer as leituras e as preces, antes de o presidente iniciar a celebração. Não se deve dizer na hora em que a pessoa vai proclamar a leitura ou as preces, pois agora o destaque é da Palavra e não da pessoa. O mesmo vale para o diácono ou o sacerdote que irá proclamar o evangelho. Dizer tudo no início da celebração. É bom dizer novamente: tudo deve ser feito com discrição e sem delonga. No caso de serem pessoas já bastante conhecidas da comunidade, isso é dispensável.

– **Monição das Leituras e do Evangelho:** Normalmente, os folhetos litúrgicos já trazem algum comentário preparado, que deve ser bem curto, trazendo o sentido da leitura ou uma frase da mesma. Não é fácil dizer muito em poucas palavras, mas é necessário. Comentários longos são antilitúrgicos. Deve ser proclamada a Palavra, e não as palavras do animador ou comentarista. Um ponto desnecessário é dizer quais são o capítulo e os versículos da leitura ou do evangelho. Provavelmente, ninguém guarda, nem o padre nem o próprio comentarista. Basta dizer que é a Primeira ou a Segunda Leitura, para não ocorrer o seguinte: "A Primeira Leitura é tirada do profeta Isaías. O profeta Isaías nos lembra que...". Aí o leitor começa: "Leitura do profeta Isaías". Percebeu quantas vezes foi dito a mesma coisa? Então é melhor deixar que o leitor diga de que livro será a leitura. O animador pode dizer nessa direção: "A leitura nos diz que...".

– **Momento do Ofertório:** O animador é quem diz o sentido das oferendas e convida o povo a participar simbolicamente no ofertório, com sua oferta material. Se houver procissão das oferendas, ele também dá sentido para ela e convida o povo para o cântico das oferendas. Os dizeres devem ser objetivos, claros e curtos. Esse momento é de grande importância na celebração e o povo participa efetivamente cantando. Se há delonga no comentário, o momento fica bastante prejudicado em seu sentido.

– **Respostas da prece eucarística:** É função do animador ajudar o povo a responder a parte que lhe cabe durante a prece eucarística. Como nem sempre sabemos todas as respostas de cor, a ajuda do animador nas respostas torna a assembleia mais orante e participativa. Por isso, antes do início da celebração, é bom perguntar ao presidente da celebração qual prece eucarística irá usar, e assim o animador já se prepara para respondê-la.

– **Ater-se a sua função:** O animador tem o momento certo para sua interferência na celebração. O que não deve ocorrer é tomar para si o que é próprio do presidente. Por exemplo: rezar o Pai-nosso no microfone, fazendo jogo de voz com o presidente; rezar o Credo, sobrepondo-se à voz do presidente; começar a invocação do "Cordeiro de Deus, que tirais o pecado do mundo", pois só depois que o presidente a iniciou é que então o animador pode continuar. O mesmo vale para a Oração da Paz.

– **Momento da Comunhão:** Deve lembrar os fiéis do significado da comunhão e de que todos devem recebê-la com fé. O animador deve lembrar o sentido de nossa comunhão com os irmãos e com o Cristo, pão vivo descido do céu. Não deve ficar tecendo normas morais nesse momento, pois toda pessoa humana tem sua consciência que a leva a tomar sua decisão. Esse momento não é para catequizar. O que não deve nunca ser dito é isto: "Quem estiver preparado, então, pode aproximar-se da eucaristia para comungar". A pergunta que daí advém é: "Quem é que está preparado?" Nunca estamos preparados para tamanho dom de amor. É o Cristo que nos mereceu tão grande dádiva, por seu amor e sua misericórdia. Evitar essa expressão é um bem que se faz para si e para os outros.

– **Momento de Ação de Graças ou de Louvor:** Terminada a Sagrada Comunhão, se for oportuno, deve-se fazer um momento de louvor e principalmente de silêncio. Liturgicamente, esse é um momento em que deve ser feito silêncio para que a pessoa possa contemplar a comunhão recebida e a celebração do mistério pascal que está chegando ao final. Normalmente, se diz que é "Ação de Graças", o que não é muito correto, pois toda a Eucaristia é ação de graças. É melhor, pois, chamar esse momento de louvor, de hosanas, de milhões e milhões de hosanas ao amor infinito de Deus por nós, manifestado em Jesus. O animador deve estar consciente disso para ajudar a assembleia a rezar melhor.

– **Avisos ou Comunicados:** A hora oportuna de passar alguns comunicados é quando a comunidade está reunida. Esta é a palavra certa que deveria ser usada: "Comunicados da Comunidade ou da Paróquia". Não é da função do comentarista ou animador exercer esse papel, mas ele costuma fazer isso. É papel do coordenador da comunidade fazer os comunicados. Usar um pouco de técnica para que o povo guarde a maior parte dos comunicados, pois às vezes são tantos que, ao escutar o último, já se esqueceu do primeiro. Nesse sentido, seria importante ter um quadro num lugar acessível ao povo, para que nele os comunicados fossem fixados e conferidos.

Os pontos elencados acima desejam ajudar aqueles que vão prestar esse serviço na comunidade e dentro da celebração eucarística. As pessoas vão com boa vontade, mas às vezes encontramos nesse serviço algumas deficiências por falta de orientação. Por isso, o que foi dito anteriormente foi pensado com muito carinho para ajudar o comentarista ou animador a fazer bem sua função, e para que nossas celebrações sejam vivas, vibrantes e participativas. Jamais nos achemos prontos para esse serviço, mas sim o façamos com se fosse nossa primeira vez. A experiência ganhada com o tempo ajuda muito, mas nos sentir totalmente prontos é um engano. Sempre há o que aprender. Nunca estamos totalmente prontos. Sempre ganhamos uma experiência maior, que nos vem de muitos modos: pela dedicação, pela leitura do assunto, pelos comentários que os outros fazem etc.

As Equipes de Liturgia

O próprio nome já nos lembra seu significado: Equipe! É o trabalho feito de mãos dadas, unidas, fraternas numa mesma causa. Mesmo que ela tenha quem a coordene – e é importante que tenha –, é fundamental a união de todos. A equipe que cuida da ornamentação precisa estar sabendo o que a equipe de liturgia irá fazer, e consequentemente os leitores, para que todos estejam mergulhados em toda a movimentação litúrgica que houver, e assim se tornem de fato participantes.

Ninguém deve ir para a celebração dizendo: "Fiz minha parte, não me preocupo com a dos outros". Isso é uma falha grande, pois celebramos juntos e não separados.

O coordenador da comunidade pode ser aquele que "provoca" esse desenvolvimento com as equipes de sua comunidade, esclarecendo, unindo, formando, orientando para que não haja competição entre as equipes, até mesmo dentro da missa. Isso é triste, mas às vezes acontece ou pode acontecer.

Os leitores devem estar por dentro daquilo que vai acontecer, para que, ao proclamar a Palavra de Deus, saibam também o que a comunidade está desejosa de ver e celebrar naquele dia. Certamente, nesse espírito de unidade e de conhecimento do que irá ocorrer na liturgia, o modo de fazer a leitura, o espírito de alma, o desejo de tornar viva a Palavra anunciada mudam muito dentro de nós.

Não vamos aqui traçar outros méritos sobre as equipes de liturgia, mas que esse espírito de unidade nasça em nossas comunidades e paróquias e permaneça sempre.

Partes da Missa

Agora, mudemos um pouco a rota de tudo o que estamos conversando, embora esteja no mesmo barco, no mesmo contexto.

Embora estejamos falando propriamente do Ministério dos Leitores, observamos alguns outros pontos dentro da celebração eucarística, para que, compreendendo o todo da celebração, façamos melhor nossa parte, o serviço que temos a prestar à comunidade. É no sentido de uma visão maior do todo que veremos outros pontos importantes dentro da missa. Toda a celebração deve, de fato, formar um corpo unido e celebrativo.

A missa tem um desenvolvimento que nos leva a rezar, meditar e acolher o grande mistério de redenção que Cristo nos trouxe. Talvez, devido a nosso costume de participar da Eucaristia, nem percebamos seu desenvolvimento. Vejamos, pois, toda a sua estrutura celebrativa:

a) **Introdução:**
  – Sinal da cruz.
  – Saudação do celebrante.
  – Ato penitencial.
  – Hino de louvor.
  – Oração da coleta.

b) Liturgia da Palavra:
- Primeira leitura.
- Salmo responsorial.
- Segunda leitura.
- Aclamação ao evangelho.
- Evangelho.
- Homilia.
- Profissão de fé.
- Preces dos fiéis.

c) Liturgia Eucarística
- Apresentação das oferendas.
- Oração sobre as oferendas.
- Oração eucarística.
- Prefácio.
- Consagração.
- Mementos (Igreja, Mortos, Povo de Deus).

d) Ritos da Comunhão:
- Oração do Pai-nosso.
- Oração pela paz.
- Fração do pão.
- Comunhão.

e) Ritos Finais:
- Oração depois da Comunhão.
- Bênção final.
- Despedida.

Na verdade, os dois grandes ritos da missa são a Liturgia da Palavra e a Liturgia Eucarística.

Na Liturgia da Palavra, ouvimos, acolhemos e nos dispomos a praticar na fé o que acabamos de ouvir. Na Liturgia Eucarística, realizamos a memória pascal de Cristo. Não são liturgias diferentes ou partes independentes, mas se entrelaçam no mesmo sentido celebrativo. Esse modo de dividir a missa é apenas pedagógico, teológico, estrutural, pois uma parte está implicada na outra, formando um todo. A celebração do mistério pascal de Cristo (paixão, morte e ressurreição) é a verdade de nossa redenção.

Os livros próprios do altar são o *Missal* e o *Lecionário*.

O *Missal* contém o rito completo da missa com as orações próprias de domingos, solenidades, festas, tempo litúrgico, além de orações próprias dos santos. Traz tudo o que é próprio da celebração da missa; só não traz as leituras e os evangelhos.

O *Lecionário* é o livro que contém as leituras próprias de cada tempo, de cada dia da semana e dos domingos, as leituras das solenidades e festas. Ele está dividido em três volumes:

– **Lecionário Dominical:** comporta as leituras dos domingos, solenidades e festas.

– **Lecionário Semanal:** traz as leituras próprias dos dias de semana.

– **Lecionário Santoral:** contém as leituras próprias dos santos, da celebração dos sacramentos e leituras para outras circunstâncias.

Além desses, temos o *Evangeliário*, que contém os evangelhos de cada domingo e solenidades. Ele é que deveria ser sempre entronizado em nossas celebrações, até mesmo mais que a própria Bíblia, pois o evangelho é a realização de todas as promessas do Antigo Testamento e a Palavra de todas as palavras. É a própria Palavra revelada: Jesus!

Dentro da missa, os *Cânticos* têm uma função litúrgica bela e importante e por isso devem ser bem cuidados. Não se canta qualquer cântico em qualquer parte da missa. A CNBB já preparou um Hinário para cada tempo e para cada momento da missa, para que não haja nenhum "desvio" ou empobrecimento litúrgico. Na verdade, a liturgia tem seu modo próprio de ser, e quem tem a responsabilidade de prepará-la deve também conhecer o mais que puder o sentido da Eucaristia e seu procedimento na celebração. De modo rápido, vejamos as partes que costumeiramente cantamos, pois, na verdade, a missa inteira pode ser cantada, entendendo que "quem canta reza duas vezes".

– **Cântico de entrada:** Deve lembrar-nos que estamos reunidos no Senhor para celebrar sua memória pascal. O cântico deve ter esse sentido.

– Cântico penitencial: Deve exaltar a misericórdia de Deus para conosco; o povo com humildade pede perdão de suas faltas para bem celebrar e fazer a comunhão com a Palavra e a Eucaristia.

– Cântico do Glória: Deve exaltar que o Pai lembrou-se de seu povo e nos deu seu único Filho, Redentor nosso. O Glória é um hino cristológico, ou seja, exalta a pessoa de Jesus.

– Salmo responsorial: Foi feito para ser cantado, mas também é rezado em nossas liturgias. Ele é Palavra de Deus, é nossa resposta à Palavra que foi ouvida (a Primeira Leitura). Não é meditação da Palavra (como afirmam certos comentaristas); é *resposta* do povo à Palavra que foi anunciada. Esse sentido precisa ser corrigido para o bem e a coerência da liturgia que celebramos. Reafirmando: ele é *resposta* do povo à Palavra ouvida e não meditação da Palavra.

– Cântico de Aclamação ao Evangelho: Deve lembrar-nos que agora vamos ouvir a Palavra de toda Palavra. Precisa ter o Aleluia e uma palavra ou frase do evangelho, e normalmente se refere ao evangelho que será anunciado. É um cântico curto.

– Cântico do Ofertório: Deve expressar a oferta do pão e do vinho, frutos da terra, do trabalho das pessoas, e a oferta do povo. Deve dizer exatamente do sentido das ofertas.

– Cântico do Santo: Costuma-se cantar esse momento, como pode ser rezado também. Ele nos lembra que o Pai é santíssimo (três vezes santo) e que é bendito em seu Filho Jesus Cristo.

– Cântico do Pai-nosso: Liturgicamente, o Pai-nosso deve ser sempre rezado, porém, quando cantado, a letra deve ser a oficial, ou seja, o que rezamos.

– Cântico do Cordeiro de Deus: Deve também ser cantado conforme é rezado.

– Cântico da Comunhão: Deve lembrar a comunhão que realizamos com o pão eucarístico e entre nós. É momento de louvor e de gratidão, pois o Pai é quem fez a comunhão conosco primeiro, em seu Filho Jesus Cristo.

– Cântico final: Embora o missal não faça referência à obrigatoriedade de cantar, existem cânticos bonitos para esse momento, como os que nos dão o sentido de envio em missão. Afinal, o que acabamos de celebrar deve ser levado para a vida afora. Nele, sempre é bom nos lembrar da pessoa de Maria, Mãe de Jesus.

Instrumentos musicais: Os instrumentos musicais, na celebração, também têm suas orientações e devem ter seus cuidados. Os instrumentos oficialmente litúrgicos são os de sopro e não os de percussão. Mas a paciência pastoral tem permitido que os de percussão sejam também usados. Os instrumentos não podem jamais se sobrepor à voz humana. Devem ajudar o povo a cantar e rezar cantando. Às vezes, acontece de o som dos instrumentos estar numa altura "danada" e o som do leitor, do padre e do comentarista estar fraquinho, fraquinho. Quando tudo acontece bem harmonicamente numa celebração, o povo todo reza e volta para casa feliz. Pensemos nisso e ajudemos nossa comunidade a crescer em sua ação litúrgica.

Último lembrete: deve-se *cantar a* liturgia e não *cantar na* liturgia!

Essas pequenas orientações sobre os cânticos devem ajudar-nos a celebrar bem e a não cometer desvios ou cantar cânticos inadequados para cada momento. Uma liturgia que segue seu ritmo já proposto, por mais simples que seja, sem grandes movimentações, leva-nos a rezar e enche nossa alma.

Símbolos Litúrgicos

A liturgia católica vem carregada de símbolos e cada um tem seu significado, expressando uma realidade de nossa fé. Citamos aqui os principais e os que são mais visíveis, ou seja, qualquer pessoa poderá reconhecê-los.

– **Livros do Altar:** Os livros principais do altar são: *Missal, Lecionário e Evangeliário.*

• O *Missal* traz as orações próprias da missa. É o livro do altar que contém as orações próprias da missa para cada celebração e para cada Tempo Litúrgico.

• O *Evangeliário* traz os evangelhos somente. Ele contém o texto do evangelho para os domingos e solenidades.

• O *Lecionário* traz as leituras; ele se divide em três:

a) *Lecionário Dominical:* contém as leituras próprias dos domingos, solenidades e festas.

b) *Lecionário Semanal:* contém as leituras próprias dos dias de semana.

c) *Lecionário Santoral:* contém as leituras próprias dos santos, da celebração dos sacramentos e leituras para outras circunstâncias.

– Presbitério: É o espaço em torno do altar; normalmente é um pouco mais elevado do que o lugar onde estão os bancos da igreja e o espaço reservado para a assembleia.

– Altar: É o lugar onde se atualiza a última Ceia de Jesus como sacramento de seu mistério pascal. O mais corrente é chamar de Mesa da Celebração.

– Mesa da Palavra ou Ambão: O mais correto é chamar de Mesa da Palavra, pois é o lugar de onde se proclama a Palavra de Deus. Por isso, não pode ser na mesa da Palavra que o comentarista deve colocar "todos os seus papéis". Deve ser reservada só para a proclamação da Palavra de Deus.

– Estante: É a pequena mesa, normalmente um pouco inclinada, de onde o comentarista ou animador deve dirigir-se à assembleia. Ela não deve estar no presbitério, mas sim num lugar mais baixo, bem à altura do povo, salvo as circunstâncias do local (às vezes isso não é possível). Os destaques no presbitério devem ser somente o Altar e a Mesa da Palavra.

– Credência: Pequena mesa onde se colocam o cálice, as vasilhas com água e vinho, as hóstias que serão consagradas, a toalha, a bacia. Colocam-se nela os objetos litúrgicos.

– Velas: As velas acesas sobre o altar significam a presença de Cristo ressuscitado, luz do mundo: "Eu sou a luz do mundo, quem me segue não andará nas trevas, mas terá a luz da vida".

– Sede: A cadeira própria do presidente da celebração.

– Sacrário: Local próprio para se guardar o Santíssimo Sacramento; as partículas consagradas que sobraram da distribuição da comunhão. Há igrejas que têm a Capela do Santíssimo, onde fica o sacrário; outras não.

Objetos Litúrgicos

Objetos litúrgicos são aqueles instrumentos ou "utensílios" que são usados na celebração dos sacramentos, principalmente na missa. Vejamos os principais.

– Âmbulas: Recipiente próprio para serem colocadas as hóstias pequenas, que serão distribuídas para os fiéis, ou para conservá-las no sacrário. Também tem outros nomes como: Cibório ou Píxide.

– Aspersório: Instrumento com o qual se asperge (joga) a água benta sobre o povo ou os objetos religiosos; é usado por ocasião de bênçãos ou no Rito Penitencial.

– Bacia e Jarro: Usados para o momento da purificação: lavar as mãos depois da preparação das oferendas.

– Caldeirinha: É um pequeno recipiente que contém água benta.

– Cálice: Vaso dourado, onde normalmente se coloca o vinho que será consagrado.

– Candelabro: Suporte majestoso, de riqueza simbólica, judaico-cristão, que contém sete velas, lembrando a plenitude de Cristo Salvador.

– Castiçal: Suporte que serve para sustentar a vela no altar.

– Círio Pascal: É uma vela grande que é abençoada e introduzida na igreja ou na capela, no Sábado Santo, e que é acesa em cada celebração eucarística, ou na do batismo, até o domingo de Pentecostes.

– Corporal: Pequena toalha que é estendida no altar no início da Liturgia Eucarística, na preparação das oferendas.

– Galhetas: Normalmente peças de vidro que contêm água e vinho que serão usados na missa.

– Hóstia ou Partícula: É o pão da celebração, feito de trigo e água.

– Incenso: É uma resina de cheiro agradável usada nas celebrações solenes e na bênção do Santíssimo.

– Manustérgio: Toalha usada pelo padre para a purificação, depois da preparação das oferendas, também chamado de lavabo.

– Ostensório: Peça dourada em que se coloca a hóstia consagrada para a adoração e a bênção do Santíssimo.

– Pala: Pequena peça de pano, normalmente quadrada e firme, que é colocada sobre o cálice com vinho para evitar que caia nele alguma coisa inconveniente.

– Paramentos: São as vestes litúrgicas que o sacerdote usa nas celebrações.

– Patena: Peça arredondada e normalmente dourada, em que se coloca a hóstia grande para a consagração do pão na missa.

– Sanguíneo: Pequena peça de pano que é usada para a purificação do cálice e da patena.

– Turíbulo: É uma peça em que se coloca o incenso sobre brasas, usado nas incensações, na bênção do Santíssimo e nas celebrações solenes.

– Véu de âmbula: Pequeno tecido que cobre a âmbula que contém as hóstias consagradas.

Ano e Tempo Litúrgicos

– **Ano Litúrgico** é diferente do ano civil. Ele se inicia no Primeiro Domingo do Advento e termina no domingo em que a Igreja celebra Cristo Rei do Universo. Ao longo desse ano litúrgico, celebramos a obra salvífica de Cristo, nos domingos, nas festas, nas solenidades, no tempo comum da liturgia. Por meio da reflexão e dos exercícios de piedade e de espiritualidade, todos temos a oportunidade de crescer na fé, na esperança e na caridade. Do mesmo modo são importantes as obras de penitência e de misericórdia.

– **Os Tempos Litúrgicos** são:

• **Tempo do Advento:** Abrange quatro domingos até a celebração do Natal. Nele recordamos as duas vindas de Jesus: a do Natal e a do fim do mundo, quando Cristo vier para o juízo final.

• **Tempo do Natal:** Vai do dia de Natal até o domingo depois da Epifania; e nele recordamos o que está ligado à infância de Jesus: seu Natal, a Sagrada Família e a Epifania.

• **Tempo da Quaresma:** Esse tempo litúrgico nos prepara para a celebração da Páscoa e vai da Quarta-feira de Cinzas até a Quarta-feira Santa. Da Quinta-feira Santa até a Vigília Pascal celebra-se o Tríduo Pascal. A

Semana Santa inicia-se no Domingo de Ramos e vai até o Sábado Santo, inclusive.

• **Tempo Pascal:** Inicia-se no Domingo de Páscoa até o Domingo de Pentecostes. São 50 dias ou 7 semanas, contadas desde o domingo da ressurreição de Cristo.

• **Tempo Comum:** Abrange 34 domingos ou semanas, nos quais não se celebra um aspecto especial do mistério de Cristo. Nesses domingos principalmente, como Igreja, lembramos o mistério de Cristo em sua plenitude. Essas semanas do Tempo Comum são interrompidas quando entra um tempo litúrgico especial e continuadas depois dele.

• **Festas, Solenidades e Memórias:** Dentro do Tempo Comum, a Igreja lembra com intensidade algumas festas, solenidades e memórias, como Corpus Christi, Sagrado Coração de Jesus, São Pedro e São Paulo, Imaculada Conceição, São José, Anunciação, Natividade de São João Batista. Algumas festas, solenidades e memórias são celebradas no domingo, outras durante os dias da semana. É importante recordar que, aos sábados, não havendo nenhuma memória obrigatória, pode ser celebrada a memória facultativa da Virgem Maria.

Os tempos litúrgicos trazem ainda certos detalhes que poderão ser conferidos na Instrução Geral do Missal Romano ou em outras fontes que tratam desse assunto. Julgamos que, para o assunto que tratamos aqui, essa noção geral é suficiente.

Cores Litúrgicas

Em cada Tempo Litúrgico usa-se uma cor, para nos mostrar o sentido do tempo que estamos celebrando. As cores expressam bem o que estamos vivendo no momento: alegria, tristeza, esperança, paz, ternura, acolhida etc. Na Liturgia, elas também dizem muito.

– **Verde:** Simboliza a esperança. É usada durante o Tempo Comum. Quando há nesse Tempo alguma solenidade ou festa, então se usa a cor correspondente.

– **Branca:** Simboliza a paz, a beleza, a pureza, a vitória, a presença, a alegria. É usada normalmente no Tempo da Páscoa e do Natal e na memória de alguns santos e santas, quando estes não foram mártires.

– **Roxa:** Simboliza a penitência. Usa-se no Tempo da Quaresma e no Tempo do Advento, por serem Tempos Litúrgicos de penitência e de conversão, como também é usada nas celebrações pelos mortos.

– **Vermelha:** Simboliza o sangue ou a força do amor, o testemunho do martírio. Usa-se essa cor nas celebrações do Domingo de Ramos e na Sexta-feira da Paixão de Cristo, no Domingo de Pentecostes, na festa do Sagrado Coração de Jesus. Ainda é usada nas festas dos Apóstolos, dos Mártires e dos Evangelistas, pois todos eles foram martirizados.

– Rosa: Embora essa cor seja pouco usada, somente no Terceiro Domingo do Advento e no Quarto Domingo da Quaresma, ela simboliza alegria. E esses domingos são chamados domingos da alegria.

– Azul: Usa-se nas solenidades e festas de Nossa Senhora.

As toalhas – que em geral são brancas – do Altar, da Mesa da Palavra, da Credência, da Estante do Comentarista devem acompanhar a cor do Tempo Litúrgico ou da solenidade ou da festa.

Vestes Litúrgicas

É oportuno também conhecer as vestes litúrgicas, pois também estão carregadas de simbolismos. Há aqui uma longa história, mas o que importa agora é em poucas palavras sabermos, pelo menos, do que se trata.

– Túnica: Veste litúrgica, normalmente branca ou de cor neutra, que o celebrante (bispo, padre, diácono) usa para as celebrações. É uma veste litúrgica e, portanto, cabe a quem vai presidir a celebração (ou concelebrar) usá-la. Fora disso, seu uso é indevido.

– **Estola:** É uma veste litúrgica reservada ao ministro ordenado (bispo, padre, diácono). Os diáconos a usam de modo transversal, simbolizando o poder limitado de seu ministério. O padre e o bispo a usam de modo paralelo ao corpo, simbolizando a disponibilidade integral para o serviço do Reino. É um símbolo sacerdotal por excelência, símbolo do serviço.

– **Alva:** O mesmo que túnica, com feitio mais longo. Pouco usada ultimamente.

– **Cíngulo:** Pequeno cordão trançado que se usa para prender a alva em torno da cintura.

– **Amito:** Um pequeno pano que o celebrante coloca em volta do pescoço.

– **Dalmática:** Uma espécie de "capa" que o diácono usa sobre a túnica e a estola.

– **Véu umeral ou véu de ombro:** É um tipo de manto que o celebrante coloca sobre os ombros na bênção ou na procissão do Santíssimo.

– **Casula:** Veste própria de quem preside a celebração (bispo ou padre). É uma espécie de manto que se coloca sobre a túnica e a estola.

CONCLUSÃO

*F*inalizando este pequeno subsídio de orientação pastoral, é oportuno que façamos alguns apontamentos.

Nossas celebrações eucarísticas devem ser vibrantes e envolventes. O povo deve sentir-se acolhido, amado, respeitado sempre, e principalmente por aqueles que estão diante dele, exercendo alguma função. O mínimo que se espera é que seja uma pessoa educada.

Nossas preocupações externas, com a movimentação litúrgica, não deve jamais tomar o lugar do essencial. Precisamos fazer de tudo para salvar o essencial em nossas celebrações: o mistério pascal de Cristo. É Ele quem deve ser percebido em nossas celebrações, e não este ou aquele outro. Ele é o centro de tudo, e nós seus servidores. Celebrações extremamente ruidosas, movimentações indevidas e desnecessárias no altar, instrumentos musicais com "excesso de altura", ausência de silêncio, são coisas que não ajudam e dispersam a atenção do principal ou do centro da celebração que é Jesus. É importante que tomemos consciência de nossa função e de nossa missão.

É essencial que se valorize, que se prestigie o silêncio em nossas celebrações, e haja forma suave e harmônica na proclamação da Palavra de Deus.

É essencial que mergulhemos na espiritualidade de tudo o que estamos realizando. É preciso garantir o papel do sacerdote; é preciso que transpareça em sua função ministerial o diálogo entre nós e Deus, entre Deus e nós, ou seja, comunicar a Palavra e comunicar Deus ao povo.

Nem o sacerdote, nem os que exercem suas funções e nem o povo são "funcionários do sagrado", mas uma comunidade reunida para celebrar com esmero o mistério redentor de Cristo.

Em todos esses pontos devem acontecer a dedicação, o esforço, o empenho, a boa vontade, a decisão firme em fazer o melhor possível para a glória divina, e sem o desejo de ser elogiado pelos outros.

Reconhecer o esforço e o empenho das pessoas é importante numa comunidade, e cada um por sua vez deve buscar não o prestígio pessoal, mas o bem do Reino. Agindo assim, certamente todos nós nos sentiremos felizes, animados, provocados em continuar firmes na fé, porque desse modo acontecem a harmonia e a unidade entre todos.

Tudo o que foi dito aqui teve um único sentimento ou desejo: tornar nossas celebrações vivas, vibrantes, sem rigorismo ou rubricismo, mas todas mergulhadas no mistério redentor de Cristo, tornando-o transparente e presente.

Nossa Senhora Aparecida há de nos inspirar cada vez mais nesse trabalho tão significativo e importante dentro da comunidade. Rogai por nós, ó Mãe tão pia!

ÍNDICE

Apresentação 3

1. O Ministério do Anúncio da Palavra 9
2. A Igreja e sua Missão 14
3. A Força da Palavra de Deus 19
4. Ministério de Leitores.................................... 30

Conclusão 75

Este livro foi composto com a família tipográfica Adobe Garamond
e impresso em papel Offset 75g/m² pela **Gráfica Santuário.**